I0814586

Nobody Knows Us Here and We Don't Know Anyone

Ніхто нас тут не знає, і ми – нікого

Катерина Калитко

З української переклали

Олена Дженнінґс та Оксана Луцишина

ВИДАВНИЦТВО ЛОСТ ГОРС
Сендпойнт, Айдаго

Nobody Knows Us Here and We Don'T Know Anyone

Kateryna Kalytko

translated from the Ukrainian by

Olena Jennings & Oksana Lutsyshyna

LOST HORSE PRESS
Sandpoint, Idaho

Acknowledgments

The following translations have appeared previously in print:

Two Lines: "They were singing a folk song . . .," "And had you asked me how it feels—," "Not long is left until a kiss and the spring . . ." and "When they dragged him out of the school yard . . ."

Soolip: "Quiet, Quieter Still, Hush . . ."

Printed in America.

Series Editor: Grace Mahoney

Cover Art: Yuri Izdryk
Author Photo: TamaraSk
Photo of Olena Jennings: Iryna Sosnovska
Photo of Oksana Lutsyshyna: Valentyna Schneider
Book Design: Christine Lysnewycz Holbert

FIRST EDITION

This and other fine Lost Horse Press titles may be viewed on our website at www.losthorsepress.org.

LIBRARY OF CONGRESS CATALOGING-IN-PUBLICATION DATA
Cataloging-in-Publication Data may be obtained from the Library of Congress.
ISBN 978-1-7364323-8-9

LOST HORSE PRESS
CONTEMPORARY UKRAINIAN
POETRY SERIES

Volume Eleven

Зміст

Table of Contents

Introduction

The poetry of Kateryna Kalytko, like her prose and translations from Bosnian and Croatian, attracts many readers in Ukraine. She is one of the most beloved poets of her generation; in addition to being a poet, she is also an activist, a volunteer, and an organizer of literary festivals. Kalytko comes from the city of Vinnytsya, located in Central Ukraine and considered the gateway to the Ukrainian South. The history of Vinnytsya is just as dramatic as Ukrainian history in general: it is part of the terrain Timothy Snyder called "Bloodlands." It includes the Holocaust that left former Jewish quarters almost empty, the Holodomor, deportations, wars, political repressions . . . Kalytko reflects this history in her oeuvre, and the sun-lit shores of the Southern Buh River appear in her poems alongside the recent (and not so recent) past, the tragic repercussions of which remain tangible till today. Vinnytsya is a city with a rich literary history, and one of the most famous and influential Ukrainian fin-de-siècle modernist writers, Mykhailo Kotsyubynsky, comes from there. Capturing the abject and the cruel along with the sublime and the transiently beautiful, he could be called a marker of the Vinnytsya literary school.

Perhaps, it is the attention to history that is encoded in Kalytko's poems such as "speaking the unspoken," and giving voice to the silenced. During the Soviet times, it was a survival strategy to hide a part of yourself. In totalitarian society, people were closely watched by both the government and their neighbors. How was one to keep a private life in these circumstances of constant surveillance and self-policing? Even the seemingly mundane and unimportant details would be silenced and not shared with others, for fear of accidentally giving away information that can be used against oneself or somebody else. However, when the Soviet Union collapsed and the Iron Curtain fell, this did not automatically mean that all the borders of private life disappeared along with the countries' borders. Old habits continued to dominate. In this sense, Kalytko's collection *Nobody Knows Us* captures the process of coming to terms with the parts of the self that were once forcibly hidden.

In this collection, Kalytko opens up, as a poet and human being, in new ways. In her previous collections, Kalytko's poetic self operates more like a channel for the voices of others rather than her own "I." In *Nobody Knows Us*, this "I" suddenly becomes much more prominent than before. Kalytko speaks from the first-person perspective about her family, her town, her street, focusing on personal details. The collection's title indicates the process of acknowledgment of those parts of the self that were not brought to the forefront prior to this exploration. It immediately makes the reader question who these people are whom nobody knows and who, in their own turn, don't know anybody, considering that most poems deal with people and themes within one city, and, often times, one street and one family.

Totalitarianism endangered familial relations. A grandparent could have been involved with a Ukrainian underground political movement persecuted by the Soviet government, and the family would have no idea that this was part of their history. In a way, totalitarianism created a society where everyone was a stranger to everyone else, close family included. Those whom "nobody knows" and who "don't know anyone" can easily be people living under the same roof.

Stylistically, Kateryna Kalytko's poetry is full of visual (and visionary) images, transformations, and at times even narrative plots. In the summer the Southern Buh River is beautiful: broad and seemingly calm, yet with powerful currents underneath its surface. The liminal space where the shoreline meets the water is perhaps the best metaphor of Kalytko's poetry, as well as her prose: the ever-changing strip of land and the waves that come forth and retreat, unpredictably, leaving the grass and the stones wet under the scorching sun. One of Kalytko's prose collections is titled *The Land of the Lost*. Poetry, however, goes further into the unknown than prose does. If the latter is "the land of the lost," then the former is, perhaps, "the land of the grieving."

Kalytko never lets the reader be idle: reading her poems, one has to be fully present, just as she is. Her poetry is a challenge, with its rich and complex web of characters and emotions. It is full of sharp objects: needles, chisels, scissors, and knives, as if to remind us that history, and life, are never immune to wounds, even if these wounds were inflicted by an instrument normally used in the household simply as a work tool and not a weapon. But then, under certain circumstances, everything can become a weapon, even a word or language: "Here is language for you, woman. Shoot from it," says her heroine. Ukraine's struggle for independence (and holding onto it by protecting Ukraine's borders) is one of the central themes in the book. No pain can be considered "somebody else's," and all are part of Ukraine: Crimean Tatars, Ukrainians, Jews. Kalytko tries to give voice to all who live, or lived, in Vinnytsya (and in Ukraine in general), especially to those about whom the world knows little (or nothing at all). This poetry contains a lot of beauty and a lot of pain: the pain of war, occupation, memory, love, and loss.

—Oksana Lutsyshyna *and* Olena Jennings

* * *

Там співали народної.
Мова ламалась на згинах
і на зламах іскрила вугільно. У горлі дерло,
наче люди кликали того, хто уже не прийде,
хто не приходив ніколи досі.
І хотілося плакати й доєднатися,
щоб легені рвалися із грудей: двоє човнів – скажімо,
Ніжність і Туга – зсудомлені біля причалу,
а відпливти не можуть, припнуті до цього повітря колючого
за гортань і трахею.
Хотілося плакати і забратися геть,
поїхати, часу не гаючи, світ за очі, не вертатися,
і коли на кордоні спитають: «Що ви там везете?» –
розгорнути торбу з горою дзвінких уламків,
а що ж це розбилося – не змогти пояснити.
Витекли всі слова
у протяжну зимову пісню.

• • •

They were singing a folk song.
The language broke at the folds
and the shards sparkled like coal. The throat prickled,
as if people were calling the someone who would not come,
who had never come yet.
And I wanted to cry and to join them,
so that my lungs would break from my chest: two boats—let's say,
Tenderness and Longing, froze near the wharf.
They could not sail off, moored to this chilly air
by the larynx and trachea.
I wanted to cry and to escape,
to leave, not wasting time, far away, never to return,
and when at the border they ask, "What is in your luggage?"
I open the bag with ringing fragments
and I cannot explain what broke.
All the words have flown out
into an enduring winter song.

...

Загубивши ключі від світу, де всіх по двоє
або більше, сидить на порозі, чекає,
поки хтось повернеться:
із роботи, з ближнього бою, з короткої пам'яті,
з теплого вирію,
та нема нікого.
Ключ, пірнувши в сніги,
мріє, що на весну проросте залізницею.
Вечір буде холодний.
Кров у неї надто червона для цих чорноземів
і недостатньо блакитна, щоби до моря вивести,
і не настільки густа, щоб покликати
в землю обіцяну.
У великі історії входять люди,
виходять геть,
а у неї – надто строката, щоб стати
паспортом.

Жодна з єдностей, до яких так хотілося прирости,
не впускає, тверда і закрита,
глузує й пишається,
як, бува, пишається зелене яблуко в гіллі.
Зі старечим скреготом погойдується ковчег,
у льодах, чужі зітхання, шурхочучи,
розбігаються з нього попарно – лякливі тихі щурі.
Ще посидить тут – і забуде, який вона мала голос,
як берегла його: раптом настане час
розповісти свою історію без перекладу, без тлумачень,
просто так, як дихають люди, що довго бігли,
а тепер лежать у темряві поруч
і заспокоюються.

. . .

Having lost the keys to the world, where everyone sits
on the thresholds in twos or more, she waits
until someone returns:
from work, from battles close to home, from short term memory,
from a comfortable afterlife,
but no one is there.
The key plunges into the snow
and dreams that by spring it will grow into a railroad.
Evening will be cold.
Her blood is too red for those of the black earth, the *chornozem*,
and not blue enough to find its way to the sea,
and not thick enough to call her
to the promised earth. Into the promised earth—hint at burial
people enter into great history,
they exit,
and she has a history that is too diverse to become
a passport.

None of the unity that she really wanted to grow
let her in, they were closed and hard,
they mock her and delight in themselves
as, it happens, the green apple in the branches swells with pride.
With the aging scrape the ark rocks,
among ice sheets; stranger's sighs, squealing,
they break off in pairs, frightened quiet rats.
If she stays here longer, and she will forget what kind of voice
she had,
how she saved it: suddenly there will come a time
to tell her story without translation, without interpreting,
simply the way that people who ran a long way breathe,
and now they lie in the darkness beside one another
and calm down.

* * *

Що ж до чоловіків, то їй завжди подобалися такі –
з червоточинкою,
яких лякало щось невловне у власних рухах,
у ранковому дзеркальному відображенні.
І ті, що їй у дар приносили мову,
що розкривались, як словники
багаторічної витримки,
дозволяли гортати себе у пітьмі,
зблискуючи то там, то сям
визолоченою буквицею на випадковій сторінці.
Навіть із заламаними кутиками де-не-де
опісля попередніх читань,
зі слідами чужих рук, із крихкими підпалинами.
І зараз оцей, найтрепетніший, словник,
розгорнутий перед нею,
читатиме, хай би чого це коштувало.
Те, що ставатиметься між нею
і носієм цієї мови, – не описати словами так,
щоби витримала, не розкололася
порцеляна сімейна у старому буфеті –
від самого голосу, від факту її пояснення.
І вона загострювалася. Перетворювалася
на перо очеретяне. Готувалася дописати
не словник – але мову саму, замкнену в ньому,
з усіма її неприкаяними іменами.

• • •

When it comes to men, she always liked the kind
with flaws,
that were frightened by what they couldn't catch in their own hands,
in the mirror's morning reflection.
And those who brought language as a gift,
that opened like dictionaries
of many years' ripening,
they let her leaf through themselves in darkness,
flashing here or there
a gilded letter on a random page.
Even with broken corners somewhere
after the last read,
with the traces of strange hands, with pages made fragile by burns.
And now this, most palpitating, dictionary,
open before her,
she would read whatever it would cost her.
That, which would happen between her
and the carrier of this language,—not to describe something
so that she would make it, the porcelain heirloom
wouldn't break in the old buffet—
from that very voice, from the fact of her explanation.
And she became sharper. She transformed
into a feather pen. She prepared to finish
not the dictionary—but language itself, locked in it,
with all its castaway names.

* * *

Не такого дощу ми чекали, Анно, у ці поля.
Крізь небесну воду раніше хтось говорив із нами,
ми завжди вслухалися, не розбираючи слів,
бо з розмови і несамотності витворювалося повітря.
Anno Domini п'ятий, як дощ замовк, а чому?
Чи то ми здаємося геть не варті розмов,
чи у когось по той бік остаточно забракло слів?
Злива вщухла. Земля в передзим'ї має лице,
чиє – обирай, можливо, того, хто лежить найглибше.
Можна стати навколішки, поцілувати. Погладити.
Зграя сірих гусей здіймається в небо,
краї розходяться – наче свіжозашита рана на животі,
коли підіймаєш важке.
Птаство прагне вирятувати себе, десь є далеке тепло,
може, іще не запізно летіти, не може ж бути,
щоб для чогось було запізно по-справжньому, не заради
пустих заборон.
Довгі видихи літаків густнуть у небі над нами.
Бачиш, фронт просувається, над головою – також.
Я боюся, що дощ заговорить знову. Раптом він скаже,
що запізно таки буває.

...

We didn't expect that kind of rain, Anna, in these fields.
Through the heavenly water someone talked with us earlier,
we always listened, not hearing words well
because from the conversation and togetherness, air was created.
The fifth *Anno Domini,* as the rain was silenced, but why?
Does it seem that we are suddenly not worthy of conversation,
or was someone on the other side at a loss for words?
The downpour stopped. The pre-winter earth has a face;
choose the one that is buried the deepest.
You can stand on your knees, kiss. Caress.
A flock of gray geese lifts into the sky,
the edges separate like a freshly stitched wound on the stomach,
when you lift something heavy.
The birds long to save themselves, somewhere in the distant warmth,
maybe, it's not too late to fly yet, it can't be,
it can't be too late for real, not
for empty prohibitions.
The long exhalations of planes thicken in the sky above us.
You see, the front lines move forward and those above
    the head also.
I am afraid that the rain will begin speaking again. Suddenly
    it will say
that it is sometimes too late.

...

Приймали гостей.
Велике вікно, відчинене у зарослий травою сад,
впускало в кімнату дощ.
Тріпотливі свічки у склянках силкувався задмухати протяг,
але йому не вдавалося. Жодного разу.
Коли гості йшли, відносячи сміх та розмову,
коли голоси, метаючись поміж мокрих дерев, ніби сірі нетлі,
залипали в далекій темряві й більше не поверталися,
він вслухався у владний плюскіт, що підступав нізвідки,
підпирав підлогу, наскрізь просочував тишу.
Він ставав на коліна, долівку долонями притискав,
припадав до неї вухом, невпинно думав:
як
починається море зі сну просто тут, де щілина, з якої
вихлюпнулося воно у яву?
Кілька днів тому хтось дуже поруч стояв,
ногами заплутавшись у висхлій
перешийковій пуповині.
Відпливали вчора вночі, разом із домом, люди на березі
співали услід українською і маме лошн.
Що ж відбулося, поки ми спали під цей нескінченний дощ?
Як опинилися ми
на цьому острові?

* * *

They welcomed guests.
The big window, open into the overgrown garden,
let the rain into the room.
The draught kept trying to extinguish the trembling candles
    in glass holders
but didn't manage. Not even once.
When the guests left, carrying away laughter and talk,
when their voices, frantically moving between the wet trees
as if they were grey moths,
would stick to the distant darkness and not return,
he was listening to the ominous splashing that came as if
    from nowhere,
propped the floor, saturated the silence.
He would kneel, pressing against the floor with his palms
lean his ear to it, constantly thinking
how
does the sea start from the dream, from the crack
from which it spilled into reality?
A few days ago, someone stood very close to him,
having tangled his feet
in the umbilical cord of an isthmus.
They departed last night together with the house, people
    at the shore
singing in Ukrainian and in mame-loshn.
What happened while we were sleeping during this incessant rain?
How did we find ourselves
on this island?

* * *

Горличка – сіре горло, перехоплене чорною стрічкою,
наче навмисне, щоб стримати сонячну кулю туркоту,
не виказати зайвого, не розхлюпати ніжності,
ковзає над осяйною річкою – тінь малої печалі,
долає вітер, утримує,
щоби потім упасти – не каменем! – так обривається серце
межи Єрусалимкою і Садками.
Вечір, ложка меду в теплій воді, розчиняється тихо, тягуче,
світло шафранне, дворик тісний, як мушля,
листя іще дитинно-зелене, пухнасте,
вітрила випраної білизни ловлять зюйд-вест.
Там вони, горличко, заховалися на горищі,
тонуть одне в одному котру годину поспіль,
він їй шепче на вухо, які кораблі великі
прийдуть за ними, і жодне не чує, як
війна припливом берег їм підгризає.
Дурні коханці!
Вона, визираючи з-під його плеча,
усміхається, простягає руку, голубка сідає
на долоню, торкається дзьобиком, наче цілує.
Тут і ночує, готова вранці
їх розбудити, затріпавши крилами,
прогнати вниз, до родин
у галасливі кухні, аби не сварили,
та в домі цьому
вже сто років нема нікого.
Горлиця тільки.

• • •

Little dove, gray throat, caught by a black ribbon,
as if on purpose, to hold back the sunny globe of cooing,
not to express extra, not to splatter tenderness,
she slides over the radiant river, the shadow of a small sadness,
she overcomes wind, stays high
in order to fall, not like a stone but like a heart that dives forward
between Jerusalem and the Gardens.
The evening is a spoonful of honey in warm water,
it dissolves quietly, viscous,
the saffron light, the small yard, like a shell,
the leaves are still child-green, fluffy,
the sails of laundered sheets catch sud-west.
There they, o little dove, hide in the attic,
they drown in one another for many hours,
he whispers in her ear that large ships
will come for them, and neither of them hears, how
the war with the tide gnaws at the shore.
Foolish lovers!
She, looking out over his shoulder,
smiles, holds out a hand, a dove sits
on her palm, touches it with its beak, as if kissing.
The dove sleeps here, ready to wake them
in the morning, to flap its wings,
to chase them downstairs to their families,
in the noisy kitchens, so that the lovers aren't scolded.
In this house
there hasn't been anyone for a hundred years.
Only the dove.

* * *

У чорних очей питай про гирла сильних річок:
чому вони, підступивши до моря, раптом стають упокорені,
солонішають, розкриваються на розрив.
А у синіх очей питай про те, як дороги й степи
поростають лускою лискучої солі – чумацької,
аж туман складається з неї;
берег дихання не піддається заморським вітрам,
і мереживо бронхів, тонка решітка вивітрювання,
щоранку пульсує кривавим кашлем. Та не про це питай,
коли вдивляєшся на світанку в зарожевіле небо.
Якого кольору очі матиме ваша дитина?
Щеплене дерево підростає повільно і плодоносить пізно.
Блукаючий рецесивний ген, трапляється часом,
на лопатки кладе домінантний.
Ось що важливо –
якою дитину запишуть в реєстри, якою пригадуватимуть:
схожою на прапрадіда чи бабусю.
Нейронна програма, занесений ззовні вірус,
юний солдат вдягає жетон з координатами
рідного міста замість імені.
Що в такому разі писати
місту і світові, якщо його знайдуть, – ніхто ж
не визнає, що мапа також буває смертною.
Запитай у чорних очей,
і в синіх спитай те саме,
і в зелених, якщо зустрінеш.

• • •

Ask the black eyes about the estuaries of the powerful rivers:
why they, approaching the sea, suddenly become tamed,
saltier than before, open to the point of bursting.
And ask the blue eyes how the roads and the steppes
grow with the scales of bright salt from the salt traders' stock,
so thick that it turns to fog.
The shore of breath does not succumb to the overseas winds,
and the lace of the bronchi, fragile stone lattice,
each morning pulses with bloody coughing. But don't ask about that
when you stare at dawn into the pink sky.
What color eyes will your child have?
The grafted tree grows slowly and bears fruit late.
The wandering recessive gene, at times,
wins over the dominant one.
This is what's important—
how will they register the child's birth,
how will they remember her, resembling her great grandpa
    or great grandma.
The neurological map, a virus brought in from the outside,
a young soldier puts on his military dog tags with the coordinates
of his native town instead of the name.
What to write in this case to the city and to the world
if he were to be found, nobody
will acknowledge that the map can, too, be mortal.
Ask the black eyes,
and ask the blue eyes the same thing,
and ask the green ones, too, if you run into them.

* * *

«Доброго тобі закінчення всіх історій!» –
проказую подумки, провалюючись у сон.
Людей, які втрачають усе, не впізнати зі спини у натовпі,
ні за жестом, яким вони кришать останню булку
вгодованим парком голубам.
Якісь дрібниці лишаються, просто на згадку від осені,
як прапорці на мапі:
колюче нічне бродіння вина у бутлях,
прогрівання зібраних в дощ волоських горіхів
у духовці, коли іще не розвиднілось,
тверда і шорстка айва, мов бурштин без обробки,
коло якої ламається ніж, уже не перший.
Чого їй бракує тут? Сонця було аж занадто.
Любити, коли не можна, ми вміли краще за всіх.
Ключ від дому звикли носити
на шийній шворці.
І навіть якщо
це ключ від цілого краю – важко бути не може.
Прикусиш язик. Обпечешся замолодим вином
і зізнанням несказаним.
Холод крадеться попід ковдру, верзеться всяке
в ніч на неділю.

Ніби йдеш – повні обійми айви – квапливо з гори,
де на вершечку туман отруйно клубочиться
і спускається теж.
Так поспішаєш, як батько,
що вивозить сина, рятуючи від Лісового Царя,
і завжди не встигає.

• • •

“May all your stories end well!”—
I say in my mind, tumbling into my dreams.
in the crowd you cannot recognize the people who have
    lost everything,
neither by their backs nor by the gesture with which they crumble
    their last bun
to feed the satiated doves in the park.
Some trifles remain as mementos of autumn,
like flags on a map:
the bitter nighttime fermentation of wine in the jugs,
the baking in the oven of the walnuts gathered in the rain
while it is still dark outside.
The hard and coarse quince, as if a piece of amber in the rough
on which the knife breaks, not the first one.
What can she be missing here? There was a lot of sun, even too much.
We knew how to love better than all the others, even if forbidden.
We would wear the key to the house
on a string around our necks.
And even if
this were the key to the whole land, it could not weigh too much.
You will bite your tongue. You will be burned by the new wine
and by the unmade confession.
The cold is creeping up under the blanket, and dreams are ominous
on Sunday night.

As if you are walking, with arms full of quince, quickly down the hill,
where at the top the poisonous fog is curling.
It chases you down the hill.
You are hurrying like the father
who is riding away saving his son from the Erl King,
and never makes it.

* * *

Ex oriente lux.
Падає ранній сніг
у нашому місті опівдорозі на південь.
Зупинитися, сплутавши сторони світу,
завмирати назустріч музиці із повітря.
Сніг зі сходу, зі сходу – так дзвінко у складках шкіри
тануть ці малі крижані арабески.
Поміж близькими, що затримують подих на довше,
ніж повинні б уміти живі,
на дитячі ковдри там, де дах розчинився над ліжком,
у долоні вчорашніх учнів – пальці в чорнилі й крейді,
мозолі на вказівних, темні сліди від пороху.
Все змиває це східне світло, холодить вуста і чоло,
кидає на стіни тремкі відбитки, ніби
в горлі комусь із присутніх кипить любовне зізнання,
та немає голосу.
І жінки цієї ночі нарешті заснуть,
усі до одної – з новими чоловіками.
Білі лілейні пелюстки, безборонні спини
мужчин, що жінок уночі вкривають од світу,
потоки рідкого срібла, кораблики із фольги,
що пливуть у в’язкому потоці зими,
налітаючи поміж струменів на прохолодні яблука –
паперівку або кандиль.

• • •

Ex oriente lux.
The early snow is falling
in our city on its way south.
I stop, I confuse the parts of the world,
I grow still in the face of the music made of air.
The snow from the east, from the east rings, resonating
    in the skin folds
where these icy small arabesques are melting.
Between the loved ones who hold their breaths longer
than the living should be able to do,
on the children's blankets where the roof dissolved above the bed,
in the palms of yesterdays' students, their fingers covered
    in ink and chalk,
they have calluses on their index fingers, dark spots from the dust.
This eastern light washes it all away, chills the lips and the forehead
throws trembling shadows on the walls, as if
in somebody's throat a confession of love bubbles,
but there is no voice.
And the women this night will finally fall asleep,
each and every one of them with a new man.
Lily white petals, defenseless backs
of the men who shield their women from the world,
the streams of liquid silver, origami ships made of foil,
that are sailing in the viscous stream of winter,
bumping mid-stream into cold apples—
Golden Delicious and Crimean Sinap.

* * *

Вивчив колядку, котра йому не належала
за правом народження, і проспівав її
безліч разлів, зворушливо інтонуючи
щоразу не в тих місцях. І поки вони разом
у неопалюваній квартирі кутались у єдиний плед,
поки дитина вчилася свого першого дива –
перетворювати повітря в легенях на справжній голос,
а худий недовірливий кіт малому дихав у тім'ячко,
він уперто казав: ще трохи, мила, ще трохи.
Проминуть ці свята, повернуться добрі люди,
доїдять і доп'ють, і доспівають своєї,
знову стануть стіною довкола нас – одразу опісля свят.
Вже не бійся нічого, вони нас не зможуть скривдити.
Педофіл? Мала розпусниця? Зайвий голодний рот?
Шолудивий кіт? Що нам скажуть нового, чого ми іще не чули?
Після свят повернуться люди, зблякне ця порожнеча.
Як до світа з далекого поля біжать розгублені хлопчаки:
золоту і справжню гільзу несе один,
і підпалену полинову гілку із ладанним запахом – другий,
і тягучу смолу з черешневого стовбура – третій, –
так завжди, моя мила, люди йдуть до людей.

Хоч, по правді, не знати нащо. Навіть оця колядка,
ця красива забавка – геть нічого не змінює,
а бринить відчайдушно, бринить. Нитка дзвінка, блискуча
у повітрі грудня. Всіх пов'язує намертво, невідомо нащо,
і не рветься ніколи.

• • •

He learned a carol that did not belong to him
by birth right, and sang it
a countless number of times, touchingly accenting
all the wrong places each time. And while in the cold apartment
they were wrapped together in the only blanket,
while the baby was learning his first miracle –
to transform the air in the lungs into a real voice,
and the skinny distrustful cat was breathing into the crown of
    the baby's head,
he would stubbornly say: a little longer, my love, a little longer.
These holidays will pass, good people will return,
finish their food and drinks, finish singing their song,
and once again will stand like a wall surrounding us, right after
    the holidays.
Don't be afraid of anything anymore, they will not harm us.
A pedophile? A loose young woman? The hungry mouth of
    their son?
The mangy cat? What else can they say that's new,
    that we haven't heard before.
After the holidays the people will be back, this emptiness will fade.
The baffled boys will run towards the light from a distant field
one of them is carrying a real golden gun cartridge shell,
and another is carrying a lit wormwood branch that smells
    of frankincense—
and the third one—viscous resin from the trunk of the cherry tree,
this is the way, my love, to pay a visit.

Though, truth be told, there is no point in that. Even this carol,
this pretty ditty changes nothing at all,
but continues to resound defiantly. The thread is sonorous, shiny
in the December air. It binds everyone with deadly force,
    without purpose,
and it never tears.

...

Як у дитячій грі в резинки, коли настає момент
для химерних фігур, переплетінь і складних стрибків, –
еластична стрічка кордону напинається, деформується,
врешті рветься. По тілу ляскає. Залишає червоний пруг,
ледь припухлий. Починається переселення,
чергове велике із малих переселень, скільки таких щодня.
Люди розбиті або бодай надщерблені,
кришталеві келихи, вцілілі по землетрусі,
з ними стається рух – а вони не хочуть.
Ніхто нікого не буде чекати, нові свята
стануться вже без них, як не дивно – стануться.
Між гарячими точками і містами холодними
тонко тече металева цівка довіри.

Як би інакше змогли вони опинитися в спільному сні?
По-різному світло заломлювалося над їхніми
неприкаяними берегами. Вона –
волога тропічних лісів, річка з шовковим дном,
куди ніколи світло не потрапляє,
правічна пітьма, якої бояться чоловіки.
Шкіра його тонка і світла, немов наготована
до уроку із каліграфії, підшкірні вибухи м'язів,
гаряча потилиця, гострі хлопчачі лікті,
мрії про втечу за океан (він уявляє Атлантику,
занурюючись у неї). Так далеко жили,
так випадково і близько провалилися в зиму.
Потаємну сріблясту кнопку він відшукує
чутливими довгими пальцями. Гасне світ.

Вранці сидять на різних краях ліжка.
Не потрапляючи гачками в петлі застібки ліфчика,
думає розпитати його про Америку, де не була ніколи,
а тоді сахається: такий молодий, молодший за неї,

• • •

Like in Double Dutch, there comes a moment
for the whimsical figures, to interweave and do complicated jumps;
the jump rope stretches, changes form,
and finally breaks. Smacks the body. Leaves a red mark,
slightly swollen. Then comes exodus
yet another big exodus, big but ordinary, they happen every day.
People are shattered, or at least chipped,
crystal glasses, surviving the earthquake,
move despite themselves.
Nobody will wait for anyone, a new holiday season
will come without them, believe it or not.
Between the war zones and cold cities
a thin metal trickle of trust flows.

How else could they have ended up in a common dream?
In different ways the light has refracted over their
restless shores. She was
the humidity of the tropical forests, a river with a silky bottom
where light never reaches,
the primordial darkness of which men are afraid.
His skin is thin and pale, as if prepared
for a calligraphy lesson, explosions of muscles beneath his skin,
warm nape, sharp boyish elbows,
dreams about running away across the ocean (he imagines
the Atlantic,
when he dives into her). They lived so far apart,
so accidentally and closely, they were submerged into winter.
He is looking for a secret silver button
with his long sensuous fingers. The world is extinguished.

In the morning they sit on opposite sides of the bed.
She doesn't manage to hook her bra,
she thinks to ask him about America, where she had never been,

а вона ж зарікалася навіть з ровесниками –
що ж це коїть зараз із ними, із обома?
Він сидить, похиливши худенькі плечі,
думає, що всередині в нього – вовк
із сивою шкурою, шрамом над оком, він-бо вже стільки бачив.
Він подбав би про них обох, та хіба у такий час
проситимеш саме звіра про вас подбати?

but then she gasps: he is so young, younger than her,
and she swore never to do this even with her peers –
What is she doing now with the both of them?
He sits, lowering his thin shoulders,
thinking he has a wolf inside himself,
a wolf with grey fur, a scar above the eye, because he has seen
    oh so much.
He would take care of both of them, but at the times like these
would you really ask an animal to take care of you?

* * *

Коли закохуюся,
на руках проявляються родимки.
Ще вчора на кисті було їх три, складалися у трикутник,
а сьогодні вранці – вже сім.
Не кажу – люблю – кажу – приходь, буду домом тобі.
Ось як нас учили: не ходи над водою, коли
у травні, спухла від зливи, річка котиться стрімголов,
бо не вернешся.
Не будуйся на глинищі, не вслухайся в тужливу
пісню, де мати стара навчає:
не дозволь, щоб у тебе всередині все згоріло,
і не вір, що хтось єдиний, що інших нема.
Все щільніші «не», ударні струмені зливи.
Пам'ятаєш, як це було в дитинстві: з вереском, з реготом
збирали білизну з мотуззя, іграшки у траві,
подушки, що сушилися на осонні,
коли зненацька підкочувалася гроза –
швидше, швидше додому, захлинаючись вітром.
Так і тепер: біжу, сміюся вголос, ховаюся,
щоби клубок вогню у грудях не загасила
жодна з тутешніх злив.
На згині великого пальця пульсує
восьма прозора родимка.
То вогонь ізсередини продирається.

• • •

When I fall in love,
birthmarks appear on my arms.
Only yesterday I had three on my hand, they formed a triangle
and today in the morning there are seven.
I don't say I love you, I say come, I will be your home.
This is how they taught us: don't walk along the river when
in May the river bloats from the showers, rolls forward headlong,
because you will not return.
Don't build your house on the wet soil, don't listen to
the sorrowful song where the old mother instructs:
Don't let everything burn down inside you
and don't believe that somebody is the only one,
I say "no" more forcefully, sudden streams of rain
remember how it was in childhood—with screams, with laughter,
we took the bedding from the clothesline, the toys from the grass,
the pillows that were drying in the sun
when suddenly a thunderstorm would come—
run faster to get home, choking on the wind.
Now it is the same way—I run, I laugh out loud, I hide
so that no thunderstorm
will extinguish the ball of fire in my chest.
On the fold of my thumb pulses
the eighth transparent birthmark.
It is the fire breaking through from the inside.

* * *

З гір до моря – весела довга дорога.
Котяться схилами хлопчики, необроблені адаманти,
через чужий шовковичний сад, через сосновий ліс,
через холодний потік, попід огорожі білі,
підстрибом, з реготом, іскри викрешуючи
з гострих набурмосених каменів на шляху,
до вечірнього міста на березі, поцяткованого світлом,
просто у навстіж прочинені гранильні майстерні.
Їх зустрічає старий граняр, усміхається
всіма гусячими лапками довкола очей,
підхоплює на руки, несе в глибину кімнати,
де тонкі різці, голки й молоточки висять на стінах.
Огортає примарне тепло, пахне вечірня їжа,
хлопчики мріють, сміються і засинають.
А от вийдуть звідти не всі.
Все, що було в них подібного – неслухняне темне волосся,
на шиї пасмами, вогники в темних очах,
гострий зір і заразливий сміх, – втрачають найперше.
Хтось розколеться вже тоді, коли ножиці
чикрижитимуть пухнасті кучері, розридається,
погладивши їжачок на голові, і коли
його торкнеться різець – розколеться, розлетиться
на дрібні кольорові бризки,
ніхто його більше не бачитиме.
Інші вийдуть згодом, статечно, дуже різні усі:
дракон, олива, жезл, підкова, щит і замкова шпарка.

Ці попрямують далеко і не повернуться вже,
тільки люди з міста потім божитимуться,
що коли у степу випав зненацький сніг,
там ходила смерть у трьох разках діамантового намиста.
А один-єдиний втече, і буде ні в сих, ні в тих.
Маятник – говоритимуть – неприкаяник,

* * *

From mountains to the sea the road is long and joyful.
The boys roll down the hill, diamonds in the rough,
through a mulberry orchard, through the pine forest,
through the cold creek, under white fences,
jumping, laughing, and sparks
flow against the sharp sullen stones along the way,
to the evening city on the shore, with piercing lights
straight into the wide open doors of the stone workshops.
The old stone master greets them, smiling
with all the crow's feet around his eyes,
picks them up, carries them into the depth of the room,
where chisels, needles and hammers are hanging on the walls.
The faint warmth envelops you, the evening food exudes aroma,
the boys are daydreaming, laughing and falling asleep.
But not all of them will complete the apprenticeship.
All their shared traits they lose first: the unruly dark hair,
strands falling onto the neck, sparks of light in dark eyes,
sharp eyesight and contagious laughter.
Some will break when the scissors
will cut off fluffy curls, will start sobbing
feeling the crew cut on their head, and when
the chisel touches him, the boy will fall apart
into small colored splashes,
nobody will see him anymore.
Others will finish, and exit solemnly, now different:
a dragon, an olive, a wand, a horseshoe, a shield, and a keyhole.

These will go far and not return,
only the city people later will swear
that when suddenly snow fell in the steppe,
death walked around, a woman wearing three strands
    of diamond necklaces.
And yet the last boy will run away, confused.

ходить, короткозоро мружиться, обличчя таке погідне
і розгублене. Містом кружляє увечері, між вогнів,
і страшно йому, як уночі на цвинтарі,
коли там тільки лампадки дихають.
Все шукає, каже, блискучу скалку, що з нього різцем стесали,
щось там було в ній цінного: родимка на долоні
чи піщинка у пам’яті.

A pendulum, they will say, a castaway,
he walks around, squints his eyes, has a kindly
and a perplexed face. He circles around the lit town in the evening
and is afraid, like at the cemetery at night, when only the lanterns
breathe there. He keeps looking, he says, for a shiny splinter that was
chiseled off him
and was precious: a birthmark on the palm
or a grain of sand in memory.

* * *

Тринадцять літ до війни, гостре повітря.
Невидимий лин весняного тепла моститься спати
у річковий намул під найпершою кригою.
Задуває за комір. Так буває, коли у тебе
вік смішного курчати пухнастого:
роки, скажімо, чотири, і ти загубився.
У вікнах, повних манливого світла,
люди здаються щасливими.
А вже за півподиху, за межею міста,
темні й страшні, лежать зимові поля.
Ними ходять незнані, такі жовтоокі звірі.
Там немає часу, зовсім немає відстані
між тобою тепер і між тим, що надійде,
ще неясно тільки, ким ти станеш – вершником чи піхотинцем,
але майбутні колії від важких гармат
вже ковтають озимину, чорні діри голоднороті.
А ти собі містом бредеш, розв'язався шарф.
Люди за вікнами: чай, пиріг, рафінад байдужості –
по кілька шматків покладено в кожну чашку.
Довгі хвости фабричних димів підмітають небо.
У нічному депо трамваї важко зітхають,
перевертаючись із боку на бік.
І зовсім неясно,
чи вдасться тобі знайтися раніше,
ніж за тринадцять років.

• • •

Thirteen years till the war, sharp air.
The spring warmth, like a fish, makes a bed for itself
and lies down to sleep in the river silt beneath the first ice.
The wind blows through my collar. This happens when you are
the age of a funny and furry chick:
maybe you are, let's say, four, and you get lost.
In the evasive light of the windows
people seem happy
but only half a breath away, beyond city limits,
dark and frightening, lay winter fields.
And unknown yellow-eyed animals roam.
There is no time there, and there is no distance
between you now and what will happen.
It is still unclear who you will become, a cavalry, or an artillerist,
but the future tracks from heavy artillery
are already swallowing the winter crops, like hungry mouths.
And you wander around the city and your scarf is unwrapped.
People through the windows: tea, pie, cubes of indifference—
several pieces into every cup.
Long tails of factory smokes are sweeping the skies.
In the depot overnight trams sigh heavily,
rolling from one side to another.
And it is utterly unclear
whether you will be able to be found
before thirteen years pass.

* * *

І якби запитав мене, як воно –
повертатися з мирного дня у воєнний стан, –
я б хотіла розповісти про свою безкінечну дорогу.
Як сім пар свинцевих чобіт стоптала, три залізні палиці
стерла до цурки,
а побіля річки, там, де велика проталина, бачила,
як, зігнувши довгу кільчасту шию, жадібно п'є війна,
і тепер я точно знаю, як її вбити,
рубонувши між п'ятим хребцем і шостим,
лиш важливо, що має бути єдиний впевний рух.
А насправді:
три години дороги, авто пролітає
повз мобільний блокпост, над ранок хлопці з нацгвардії
змерзло курять серед снігів, утомлюються жартувати.
І неначе я вся – відкрита долоня, яку різонули папером.
Що нового сказати тобі про кордони й розділення,
коли ти запитаєш? Та ти уже запитав,
беручи мою руку своєю, язиком торкаючись
розрізаної долоні. Просто
сильно саднить.

• • •

And had you asked me how it feels—
to return from a peaceful day into a state of war—
I would have liked to tell you about my endless journey.
How I wore out seven pairs of steel-toed boots, how I used
three metal canes,
and near the river, near a small glade, I saw
how the war greedily drinks, lowering its long round neck,
and now I know for sure how to kill it,
to hack between the fifth and sixth vertebra,
but it's crucial to do it in one confident movement.
In reality:
three hours on the road, the car flies
past mobile checkpoints, and as morning breaks, the guys
from the National Guard
are smoking in the freezing cold, among the snows,
too tired for jokes.
And I feel like all of me became an open palm cut by paper.
What new things can we tell you about borders and divisions
when you ask? But you already asked,
taking my hand in yours, touching my wounded palm
with your tongue. It is just that it
feels so raw.

* * *

Ще трохи лишається до цілунку і до весни.
Лоскітно проповзає по горлу тривожна линва любові.
Всю ніч до ранку сиплеться дощ на дах, стукотить,
як сухий горох.
Із відстані краще видно, то розкажи, якими
бачили одне одного, коли дивилися майже впритул,
і хтось один завжди не витримував, опускаючи очі?
Червоні мітки зимових подразнень, губи сухі,
очі сльозяться, голос неконтрольовано
зривається на фальцет. Ще не цілунок, але
в коротких обіймах уже затісно дихати – серце,
бойовий цепелін, гарячим повітрям напнутий,
роздирає елінг тіла і вивільняється.
І не знаю, як задалеко
долетить у цей дощ, я не встигла навіть
імені йому дати.
Назви, якщо долетить.

• • •

Just a little is left until a kiss and the spring.
The anxious rope of love tugged, tickling the throat.
The whole night the rain falls onto the roof, patters like dried peas.
From a distance one has sharper vision, so tell me, how
did you see each other when you looked almost point blank
and one of you would not be able to stand it and lower her eyes?
The red marks of winter, itchy skin, dry lips,
eyes tearing, voice uncontrollably
reaching a higher pitch. Not a kiss yet, but
in the short-lasting embrace, it's too tight to breathe; the heart,
this combat Zeppelin, held up by hot air
breaks through the hangar of the body and frees itself.
I don't know how far it will flow into the rain, I didn't have time
to name it.
If it makes it,
name it.

* * *

Ось тобі, жінко, мова.
Стріляй із неї.
Захищай себе до останнього подиху – і нізащо
не дозволяй їм наблизитися. Використовуй
вбудовану систему радіоперехоплення
і прилад нічного бачення.
Все це є всередині. І не бреши, що не вмієш.
Пильно відстежуй
дислокацію ворога і найменші його просування.
Підпусти на відстань пострілу – а тоді припадай до
прицілу і вже
не зволікай.
Набоїв припасено вдосталь, їх не шкодуй,
якщо ж скінчаться – виробляй їх зі слів,
тільки тоненькі жіночі пальці здатні на цю моторику.
І нізащо, нізащо не дозволяй їм наблизитися
до старої межі, на якій розляглася
батькова слива.
Як перейдуть її – доведеться іти врукопаш. Отоді вже
прохромлюй багнетом, ріж від вуха до вуха,
розпанахуй, роз'юшуй та оббіловуй,
поки світло перед очима остаточно не змеркне.
Як отямишся – погладиш колючу потилицю
синові-новобранцю, чоловікові милиці подаси,
а тоді – все спочатку.
Хто сказав, що кидаємо напризволяще?
Ми озброїли, як могли.

• • •

Here is language for you, woman.
Shoot from it.
Defend yourself till your last breath—and never
allow them to approach. Use
a built-in system of radio interception
and night vision goggles.
This is your default setting. And don't tell me you don't know
how to shoot.
Closely watch
the dislocation of the enemy and their slightest advances.
Let them approach the shooting range—and then lean into
the aim and don't
waste time.
You have stashed enough ammo, don't be stingy,
if you run out, then make words into ammo.
Only a woman's thin fingers are nimble enough for this.
And never, never let them approach
the old border on which
the plum tree planted by father grows.
If they bypass it, you will have to use hand-to-hand combat.
That's when
you will have to pierce with a bayonet, cut from ear to ear,
split them open, beat to a pulp, skin them
until the light in their eyes is fully extinguished.
When you come to, you will pet the prickly shaved head
of your newly drafted son, hand crutches to your husband,
and then start anew.
Who said that we leave our own to their fates?
We armed them, like we knew best.

* * *

Тихо, іще тихіше, цить.
Сніг обережними кігтиками шкрябає підвіконня.
Звук, із яким розстібається блискавка сукні,
схожий на суху автоматну чергу за спиною.
Ні по кого сьогодні вони не приходили.
Тихо, іще тихіше, цить.
Шрами – звикай навпомацки – вишивка по живому,
просто одна людина взяла собі іншу
за полотно.
Треба читати
губами там, де падає тінь,
електричними імпульсами, де шкіра лягає на шкіру,
ці стібки – поверхниця, лиштва, шабак і замочком низь,
кафасор, орли-метелики, солов'їні вічка, поквітнення.
Нитка, запечена в хлібі
для справжнього житнього кольору.
Все, із чого живе бажання складається.
Тихо, іще тихіше, цить.
Я – суцвіття вузлів на споді великої вишивки:
зріж мене першою, щоби розгладити шрами.
Сніг триватиме, нескінченний, знеболювальний.
Денне світло повернеться – стане видно,
як, розгортаючи вулиць вузькі криваві бинти,
містом всю ніч ходила людина-голка.

• • •

Quiet, quieter still, hush.
The snow scratches the window sill with its careful claws.
It sounds like zipping the back of a dress
or the rhythm of shooting behind.
They did not come for anyone today.
Quiet, quieter still, hush.
The scars are, get used to them by touch, embroidery on living skin.
It's just that one human used another
as canvas.
Read only
with your lips where the shadow falls,
by electric impulses where the skin lies on skin,
these stitches—solid stitches, leafing stitches, running stitches,
    hardanger,
drawnwork and cutwork, ornamentation, flowers.
A thread baked into a loaf of bread
to be colored like rye.
Everything that makes up desire.
Quiet, quieter still, hush.
I am an inflorescence of knots on the underside of an embroidery:
cut me first to flatten the scars.
The snow will keep falling, unending, painkilling.
The daylight will return, and you will see
how, unwrapping the narrow, blood-soaked bandages of the streets,
a needle-human wanders all night.

* * *

Але з голкою була ще інша історія: вона її проковтнула,
таку велику, циганську, коли по неї прийшли
(якраз пришивала ґудзика на пальто).
У дитинстві навчали дорослі: проковтнута голка
швидко і неминуче дійде до серця –
і помреш від її уколу. Або принаймні
проб'є легеню, випустить з неї повітря,
як із надувного м'яча, і теж помреш –
повільніше, але надійно.
Як це часто буває, дорослі брехали дитині.
Десь заблукала дорогою бісова голка,
чи вросла у судину, чи в м'яких тканинах застрягла –
але вона жила, не припиняла жити,
стежити, як відсувається лінія розмежування,
зашивати – також голкою, тільки іншою, тоншою –
краї їхніх хижих ран, без любові, недбало,
відчувати ці шви під пальцями, коли лягали із нею
всі по черзі.
У вогку погоду,
коли гостріше боліли синці й наливалися соком звуки,
з будинку за два квартали, з недосяжного майже світу,
часом чути було віолончель.
Та ридала
за всіх, хто не міг собі дозволити такої розкоші.
І вона горілиць лягала
і спершу трохи думала, хто це там грає й навіщо

• • •

With the needle there was another story: she swallowed it,
such a big darning needle, when they came for her
(she was just sewing a button onto her coat).
When she was little, adults taught her: a swallowed needle
will travel quickly and inevitably to your heart
and you will die from the piercing. Or at least
it will puncture your lung, release the air
like from an inflatable ball, and you will also die—
more slowly, but surely.
As it happens, the adults lied to the child.
The damn needle got lost along the way
or grew into a blood vessel, or got stuck in soft tissue—
but she was alive, she went on living,
watching the line of demarcation pushed further,
sewing—with another needle, a thinner one—
the edges of their vicious wounds, without love, carelessly,
feeling with her fingers the seams and sutures of all those who
    lay with her,
taking turns.
In the humid weather
when the bruises throb sharply and the sounds become full
at the house two blocks away, from a hardly unattainable world,
she heard a cello.
It sobbed
for all those who could not afford such a luxury.
And she would lie face up
wondering about who was playing and why
and how they could still sink into music.

і звідки в нього досі береться музика.

Потім
складала руки на животі, вирішувала –
ні, поки що ні, на щастя;
прикидала, скільки ще лишається до менопаузи,
чекала її, як визволення, чи замість визволення;
прислухалася, чи не випадково знаходить магніт,
і веде ним по тілу, наче пестить себе,
і намацує голку, і тягне, заманює
вище, аж до самого серця.
І тоді нарешті закінчується усе.

Then
she folded her hands on her stomach, deciding—
no, not yet, and the needle is good luck;
she wondered how long it would be till menopause,
waiting for it like waiting for release or something instead of release.
She listened to the movements of the needle.
And then imagined: how she would find a magnet
and would move it along her body as if caressing herself,
and would find the needle and bring it
higher and higher, to the very heart.
And then finally it would all end.

* * *

Ще інша історія трапилася з віолончеллю:
коли люди пішли, вона лишилася із господарем;
він продав усе, що можна було, – крім неї,
і вона почила тамувати його голод
самою своєю присутністю.
Коли ж вони почали обшукувати
квартал за кварталом, кожен будинок,
заходити у квартири,
він, утративши спокій і сон, своєї черги чекав.
І вона гамувала його тривогу: брала за руки,
вкладала їх на свої шовковисті вигини
і наказувала грати. Він корився щоразу.
Ночами, коли бої прокочувалися під вікнами,
коли асфальт здіймався в повітря чорною хвилею,
він грав без перерви годинами, доки на пальцях
не наливалися кров'ю і не лускали мозолі –
так, наче щоразу краяв од себе
по шматкові живого м'яса і кидав надвір
хижим птахам – тільки б почекали,
тільки б не накидалися, тільки не зараз.

Та з кожним таким шматком
усе менше ставало його,
тож урешті,
коли кроки на сходах уже не лишали сумніву, що час настав,
він просто підважив деко червоного дерева
і всередину ковзнув безсило, як ящірка чи павук.
Так його і знайшли, кажуть:
змалілий, заплющений, скорчений ембріон
у череві вагітної віолончелі.

. . .

And yet another story about the cello:
when everyone left, it remained with its owner;
he sold everything he could sell, except it,
and the cello started to satiate his hunger
with its mere presence.
When they began searching
block after block, every house,
entering apartments,
he lost his calm and was waiting his turn.
And the cello soothed his anxiety: it took him by the hand,
placed them on its silky curves
and told him to play. He obeyed every time.
Nights, when the battles rolled past his windows
when the asphalt rose into the air like a black wave,
he played for hours without a break, until the calluses on his fingers
would swell with blood and burst—
as if each time he cut off from himself
a piece of living flesh and threw it outside
to the birds of prey—if only they would wait
and not ravish it right away, not yet.

But with each piece
there was less and less of him
and finally
when the steps on the staircase left him no doubt that his time
had come,
he just lifted the top of the cello made of red wood
and slithered inside languidly like a lizard or a spider.
That's how they found him, they said:
shrunken, with his eyes closed, a curled embryo
in the belly of the pregnant cello.

* * *

Як його виводили зі шкільного подвір’я,
волокли попід руки, четверо, – всі жінки голосили,
плакали діти, завивали собаки в околиці.
І коли, натиснувши на потилицю, пробували запхати
у міліцейський фургон, він видирався
і казав дивовижно погідно:
не плачте, діти,
світ і світло – дивні слова-відлуння,
а в шкільній котельні, де чорно й пахне вугіллям,
ніби теж частинка світу, але краще отак.
Я хотів говорити при світі й своєю мовою,
я хотів читати при світлі Священну Книгу,
і якщо у світі, чиї кордони – тільки сіль і залізо,
успадковані від батьків, для цього не знайдеться місця,
то й ховатись немає сенсу.
А жінкам сказав,
щоби стишились, щоби запам’ятали,
люди-бо, яких за власний прапор патрали,
мали б його зрозуміти, почути.
І ще до того,
як рука з нечистими нігтями натиснула на потилицю,
встиг подивитися вгору.
Від’їздила машина, стояла висока курява.
Мінарет, зачепивши тонкою верхівкою сонце,
не пускав його закотитися і довго, довго
обпливав, як свічка.

. . .

When they dragged him out of the school yard,
four of them yanked him by the hands, all the women lamented,
children cried, neighborhood dogs howled.
And when, pressing on the nape of his neck, they tried to push him
into a police car, he tried to break free
and spoke surprisingly calmly:
don't cry, children,
the world and the light are strange words and their echoes,
and in the school boiler room where it's dark and smells of coal,
as if it is another part of the world, it's better this way.
I wanted to speak to the world and the light in my own language,
I wanted to read by the light of The Holy Book
and if the world whose borders are but salt and iron,
inherited from one's parents, has no room for that,
then there's no point in hiding either.
And he told the women
to quiet down, to remember
because people who were disemboweled for being loyal
    to their own flag
should be able to understand him, to hear him.
And right before the hand with unclean nails pressed on his head,
he had time to look up.
The car was setting off, the dust kicked up high.
The minaret, having gathered the sun onto its skinny top,
was not letting it set and for a long, long time
melted like a candle.

* * *

Того разу за підметом одразу слідував присуд
як єдине, що треба знати,
усе, чим ще можна продовжити речення,
наче камінь, який, похитуючись, виносиш
на середину скляного мосту.
Сніг лягав на дахи,
за вікном розбирали сусідню будівлю –
до фундаменту, по цеглині.
Розберуть і тебе, зачекай лишень.
Оголені балки, вирвані з м'ясом віконні рами,
пробита ломами підлога. Людина
завжди трохи дім, особливо – для когось.
Трохи витягни шию: онде вона
стоїть під цегляною стіною, зазирає у вікна.
Про що може думати жінка в такий момент?
Про те, як ти, хвилюючись, задираєш голову,
як нервово ходить борлак, як тричі
повторюєш вигуки, стверджувальні й заперечні
модальні частки.
Ні, ні, ні! – так рішуче стає із цим твоїм
потрійним «ні» поміж підметом і присудом,
що майже вдається їх розділити.

• • •

That time after the subject came the verdict
like the only thing one needs to know,
all that can still make the sentence longer
like a stone that you, staggering, carry
to the middle of a glass bridge.
The snow covered the roofs,
outside our window they were taking apart the neighboring building—
up to its very foundation, brick by brick.
They will take you apart too, just you wait.
Bare beams, the window frames carelessly torn out,
the floor pierced with crowbars. A human being
is always a bit of a home, especially for someone else.
Stretch your neck a bit, there she is
standing near the brick wall, peeking into the windows.
What does a woman think about at a moment like this?
About how you, feeling anxious, raise your head,
how nervously your Adams apple moves, how three times
you repeat exclamations, affirmative and negative
interjections.
Your triple "No" stands decisively
between the subject and the verdict,
that you almost manage to separate them.

* * *

Доживи зі своїм ім'ям до глибокої старості:
воно красиве.
І красиві у тебе руки. І очі – як ягоди дерену після дощу,
і вухо, в яке я шепочу зараз, красиве теж,
і підборіддя з ямочкою, і нервовий рот,
шия, де б'ється замкений птах-кадик,
і шкіра – яблучна, і плече з ключицею,
схожою на смичок. Упізнай себе,
коли я промовляю з перенаселеної пітьми:
все, що бачу тут упівоберта, в напівсвітлі, тонке й красиве.
Але руки – цілком особлива історія, надто ж коли
ти виходиш між люди і притискаєш лівицю
до грудей, як дитя чи білченя поранене.
У заповіднику наших імен, де невідомо,
котре наступним не дотягне до ранку, –
Лежатиме на підлозі, згорнувшись калачиком,
і всі дивитимуться,
ти доживи зі своїм до глибокої старості.

У вагоні, де двері забито іржавими цвяхами намертво,
стільки світу минає повз нас щоночі. Кожне ім'я
має підземні ходи, потаємні значення, і якщо твоє
може прикликати Усевишнього, на кінчику нігтя в якого
ця залізниця, така нескінченна, вміститься вся,
то моє має химерну силу: ловити в повітрі кулі,
свою та іншу.
І тому, коли нас виведуть звідси нарешті –
не озирайся, біжи
назустріч своїй глибокій, далекій старості,
притискай до грудей руки поранене білченя.

• • •

Live with your name till a very old age:
your name is beautiful.
And your hands are beautiful. And your eyes are like wild berries
    after the rain
and the ear into which I am whispering is beautiful,
and your chin with the dimple, and the nervous mouth,
and the neck where the Adams apple is beating like a caged bird,
and the skin like apples, and the shoulder with the collarbone
that looks like a bow. Recognize yourself
when I speak from the overpopulated darkness:
everything I see here half-turned in the half-light is delicate
    and beautiful.
But the hands are a unique story, especially when
you are out and you press your left one
to your chest, like a baby or like a wounded squirrel.
In the park of our names where we don't know
which name will make it till morning.
Yours will lie on the floor, curled up, and everybody will be staring,
you must live with yours till a very old age.

In the train car where the doors are tightly hammered with rusty nails,
so much of the world passes us by every night. Each name
has underground passages, secret meanings, and while yours
can summon the Almighty, on the edge of whose fingernail
the endless railway will fit,
mine has a peculiar power: to catch the bullets in the air
the ones for me and for others.
And therefore, when they finally take us out of here
do not look back, run
towards your very distant old age
and keep pressing to your chest the wounded squirrel of your hand.

* * *

Так вони й поїхали, лишивши стільці на вулиці,
і не встиглося в них допитатися, звідки насправді були.
Інші люди прийшли дивитися з їхніх вікон
на квадрат небесного полотна, сказати б – намолений,
та вони не надто ревно молилися, не надто вірили;
от хіба що у пару суботніх свічок і коло світла,
що витворювалося між ними.
Тільки дівчинка їхня, якої ніхто навмисне
не навчав цього, у жерстянці з-під чаю,
між запилюжених сувенірів, з яких давно
вивітрилися леткі ефіри емоцій,
відшукала гірського кварцу кристал білосніжний,
що заломлював гранями промені, перетворював
на фонтани сяйва, і сказала:
Бог тут.
І ніхто не спромігся хоч би щось
їй заперечити.
Так вони й поїхали. Дівчинка всю дорогу
на колінах протримала заповітну сумку із Богом.
А в новій оселі, в норі, зусібіч затиснутій
ребрами чужих будинків, з ними замешкало
інше світло: не так розтікалось дахами,
не підхоплювало птахів у сяйливий вир. І кристал
видавався сердитим. Не заломлював променів,
сяйва не повертав.

Чи почує Бог мої молитви з іншого місця?
Чи побачить мене тут, де я опинилась тепер? –
з першим горем у голосі дівчинка їх питала.
І ніхто не спромігся хоч би щось
їй пояснити.
Так вони й поїхали, і Бог перестав усміхатись.

...

And so, they left and abandoned the chairs on the street,
and we never had a chance to ask them where they were from.
Other people came to look out of their windows
on the square of the sky, so to say, prayed over.
But they did not pray too diligently, and didn't believe in much;
perhaps they only believed in a couple of Saturday candles and
their circle
of light.
Only their little girl whom they did not tell
to do this, found a white crystal of mountain quartz
in a tea can
between many dusty souvenirs from which
the ethers of emotions evaporated.
It refracted the bezels of rays, transforming them
into fountains of radiance. The girl said:
God is here.
And nobody could argue
against it.
And so, they left. The little girl
kept the treasured bag with God on her lap.
And in the new home, in a hole, from all sides surrounded
by the ribs of other people's houses, a different light
came to live with them: it did not spread out on the roofs,
did not capture the birds into the shining maelstrom. And the crystal
seemed angry. It did not refract the rays,
did not bring back the radiance.

Will God hear my prayers from another place?
Will he see me here, where I ended up?—
The girl asked with her first grief in her voice.
And nobody could explain anything
to her.
And so they left, and God stopped smiling.

* * *

Не нав’язуватися і не прив’язуватися –
рано завчена формула.
Часом і помічна, переважно ж просто гіркава.
На зараджувало геть нічого: вигадувалися прикмети –
якщо стати на кожну парну плитку
в кольоровій мозаїці тротуару,
то за два квартали зустрінеш;
і запеклі торги із Богом точилися – забери у мене
половину життя назад, собі,
а натомість хай буде усмішка, лист,
десять років удвох.
Що ж тепер? Почуття могутньо б’є кулаком у живіт
і намотує кишки на руку,
а ти собі знай повторюєш: не нав’язуватися,
не прив’язуватися.
Зворотна партикула «ся», дія, на себе спрямована,
завжди здавалася беззахисною, бездомною –
аж щипало у горлі. «Продається будинок» –
ніби дім, у якого люди свої були-таки,
сам себе продає. І так від того пече,
мовби просто зараз у котрійсь із кімнат покинутих
тихо дитина квилить, а зайдеш – і нема.
Бідолашний будинок, що на дорогу вийшов!

Так вони і жили, обсадужуючи деревами
свої сезонні тривоги. Так видивлялися ранок
із вікна на рівні землі, а для слухового
кам’яну троянду вирізали,
тягали дубові столи, сміялися,

• • •

Not to thrust yourself on them and not to get attached—
a technique, learned early.
Sometimes helpful, but mostly just bitter.
Nothing was comforting, you invented the premonition:
if you step on each even tile
in the colorful mosaic of the sidewalk
you will bump into me in two blocks;
and I used to desperately negotiate with God—take half
of my life from me, keep it,
and instead give me his smile, a letter,
ten years together.
And now what? The feeling punches me in the stomach
and wraps my guts around its arm,
and you keep repeating: not to thrust myself on them,
not to get attached.
Reflexive verbs, action directed at the self
always seemed to me vulnerable, homeless—
up to the tickle in the throat. "A house for sale"—
as if that house contained his loved ones,
and now it sells itself. And it burns me with pain so
as if this very second in one of the abandoned rooms
a child quietly whines, but if you enter the room
Nobody's there. Poor house that steps out onto the road!

And so, they lived, planted trees around
their seasonal anxieties. This is how they waited for the morning
peeking out of the window on the ground level, and for a skylight.
They cut a stone rose as decoration,
dragged tables made of oak, laughed.

кохаючись, накидали на лампу шаль.
Ну і де вони нині?
Не нав’язуватися, не прив’язуватися, підказує пам’ять – авжеж.
Ледве вгадується на фронтоні силует античного воїна,
аж не розібрати,
встромляє меча він собі у груди –
чи просто в землю.

Making love, they threw a shawl over the lamp.
And where are they now?
Do not thrust yourself on anyone, do not get attached, memory
whispers—
of course.
I barely see the silhouette of a Roman warrior on the pediment
and I can't tell
whether he thrusts the sword into his chest
or merely into the ground.

...

Тут було тепліше, піджак доводилося носити
перекинутим через руку, і все одно до полудня
сорочка липла до спини.
Креслення, ледь торкнувшись землі,
перетворювалися на шаманство.
Русла рік твердли, ніби судини,
побиті вапном. Відвідні канали,
крадучи гуркітливу воду, мляво повзли у поля.
Річка ставала схожою на стоніжку,
що встромлялася в землю всіма ногами,
аби звідси її не змогли відірвати.
Сади росли, як на дріжджах. Влітку міські двори
стояли, встелені килимами стиглих черешень.
Плющ облітав фасади, сам зачиняв, прочиняв
розсохлі скрипучі віконниці, прокрадався в підвали.
Вірилося в якісь неможливі речі:
у снагу молодого тіла, у те, що згаяно ще не все,
що ось-ось покличуть назад, приходьте, бийтеся,
втрачена по дорозі любов прийде зігріти ліжко,
бачите, навіть ріки стають слухняними,
якщо не бракує волі.
Ближче до вересня ранки
холоднішали незворотно.
Рани, утворені в просторі від
вирваного м'яса спогадів,
затикав густий туман.

Церква Святого Їржі наприпочатку вулиці
гойдалася п'яно, наче теж перебрала.
Погуляли та й годі.
Час вертатися, зціпивши зуби,

* * *

It was warmer there, he wore his jacket
thrown over his arm, and still by noon
his shirt was sticking to his back.
Etchings barely touched the ground,
turned into shaman's rituals.
The riverbeds hardened like blood vessels
clogged with lime. Canals,
stealing the roaring water, crawled languidly into the fields.
The river started to look like a millipede,
that buried itself into the earth with all its feet,
not to be torn away.
The orchards grew faster than ever. In the summer
    the city courtyards
were covered in rugs of ripe cherries.
The ivy whisked around the facades, opened and closed
the dry squeaky window panes, crept into to the basement.
One could believe in the impossible:
in the vigor of a young body, or not squandering youth away,
that someone will call you back, will say: come, fight.
The love lost along the way will return to warm the bed,
you see, even rivers become obedient,
if you have enough will.
Closer to September the mornings
become cold, irreversibly.
The wounds that emerge in the space from
the torn flesh of memories,
are filled by thick fog.

The church of St. Jiří at the beginning of the street
sways like a drunk returning from a bar.
We had fun and now it's enough.
Time to return, clenching one's teeth,

забиватися у домівки, дихати рівно, палити кволі
вогники каганців і до ранку,
потайки від домашніх креслити, креслити
мапи, картини боїв, кордони,
яким землі торкнутися не судилося.

to hide in the homes, to breathe steadily, to burn
the weak flames of lanterns till morning, and
furtively, so your family won't see, to draw
maps, pictures of battles, borders
that were not meant to touch the earth.

* * *

Курячи у вікно, у розчахнутий травень,
думаєш: як же все добре склалося на цій останній війні,
не загинуло майже нічого.
Ось хіба що дитинство, разом із мамою,
але час для цього так чи інакше надходив.
Ну не можна ж, правда, вічно жити і не дорослішати.
Ось хіба що домівка, але що того дому,
коли суть людського помешкання – тимчасовість.
Звідки-бо інакше тягуча туга вдивляння
у чужі освітлені вікна, напівпрозорі, терпкі,
як лимонні дольки.
Фотокартки, листи, безсенсовний щоденник
і квитки непогашені на свіже колись кіно,
висушений букет – щось таке, чого завжди
хочеться здихатися, та ніяк не доходять руки.
Найбільше тобі дошкуляв червоний шнурок у шухляді –
не пригадати вже, звідки взявся, завдовжки рівно настільки,
щоб обхопити тонке дівоче зап‘ястя.
Все на місці – руки, ноги, для чесної праці
навіть є голова, попри те, що в ній
досі живуть картини незручного і страшного,
але ніхто їх не бачить і питати не буде.
Місто частково ціле.
Люди частково живі.

Ті, що вижили, утекли, заховалися,
вилізли з каналізації, зрадили, але покаялися,
емігрували, але повернулися іншими.
Всі вони оточують, кажуть: як же насправді добре!
Є кому випікати хліб.
Є кому купувати його на картки.

• • •

Smoking out the window, into the undone May,
you think: how well things turned out during this last war,
almost nothing perished.
Well, maybe childhood did, along with your mother,
but it was time anyway.
You cannot, after all, live without growing up.
Also, the house was damaged, but what a small loss
when the heart of a human dwelling is transient.
Otherwise where would this continuous pining come from,
to look into somebody else's lit windows, half transparent, sour
like lemon slices.
Photographs, letters, a diary that makes no sense
and unused tickets to a movie premiere,
a dried-up bouquet—something that you want to get rid of,
but never quite find the occasion.
The most annoying thing was the red shoelace—
you have no recollection of how it got there, long enough
to embrace a thin female wrist.
Everything is as it should be—arms, legs, for honest work,
even a head, despite the scary and disturbing pictures
in it, but nobody
sees them and nobody will ask.
The city is half intact.
The people are half living.

Those who ran away, hid,
crawled out of the sewer system, became traitors, but repented,
immigrated but returned as different people.
All of them surround you and say—how good it is!
We have those who bake bread.
We have those who buy it with ration cards.

Є кому носити дітей і робити аборти.
Є кому посадити шпинат, та неясно, що з ним робити.
Тут придалася би мама з її пирогом:
сир і зелень, щосуботи в твоєму дитинстві.
Дівчина із червоним шнурком на руці покажеться
часом у натовпі,
коли підступає гроза. Чи проти тривожної повні.
Можна когось народити.
Когось убити.
Закохатися.
Чи що там ще роблять з людьми,
якщо ти правильно пам'ятаєш.
Можна було б пригадати.
Спробувати.
Давай.

We have those who carry children to term and those
who have abortions.
We have those who plant spinach, but don't know what
to do with it.
Your mother would be able to help:
a pie of cheese and greens, every Saturday of your childhood.
The girl with the red shoelace around her wrist
is at times visible in the crowd
right before a thunderstorm. Or before an alarming full moon.
We can give birth to someone.
Kill someone.
Fall in love.
Or whatever else happens to people,
if you remember correctly.
You can start remembering.
Try.
Go ahead.

* * *

Прокидаєшся і вдихаєш повітря
із кришталевими крихтами:
любиш, любиш.
Кущ омели, прозорий, ледь видимий, проріс на твоєму плечі.
У громадському транспорті стоїш обережно, надто
вранці і ввечері. Коли плечима і спинами
ламають гілки – струмом б'є у хребет.
Вітер, що був приніс біле зерня до рани, аби проростало,
нині тебе боїться. Зникає. Хмари над містом,
наче вагони поїзда, що зійшов із рейок,
збиваються в купу і більше ніколи не рухаються.
Не бійся боятися, я нікому про це не скажу – так йому обіцяєш.
Свобода мати страх – як свобода завести собаку,
пити вино на даху, з кінця починати книгу,
думати про любов як про кришталь у жилах,
не дозволяти лікареві
спиляти твою омелу.

* * *

You wake up and breathe in the air
with crystal flakes:
you love, you love.
A bunch of mistletoe, transparent, barely visible, grows on
    your shoulder.
On the tram, you stand with caution, especially
in the morning and in the evening. When shoulders and backs
break branches—a current beats the spine.
The wind that brought white seeds to the wound so that they
    would grow,
today fears you. It disappears. The clouds over the city
are like train cars that jumped the tracks,
gather together and no longer move.
Don't be afraid of being afraid, I won't tell anyone,—you promise him.
The freedom to be afraid—is like the freedom to have a dog,
to drink wine on the roof, to begin a book from the end,
to think about love as crushed glass flowing through the veins,
not to let the doctor
cut the mistletoe.

* * *

Тоненький звук, із яким зазвичай пролітає качина зграя,
а піднімеш голову – небо порожнє.
Хто тут?
Вночі не згаснути в старому домі,
хтось неспокоєний ходить невидимо,
торкає замок на дверях, набирає води із крана,
заводить скрипучу музику скриньку,
зітхає, зникає.
Не ти.
Тебе впізнаю всюди і безпомильно, деталі –
як іскри з бенгалького вогника:
розмите лице на обривку старого фото,
інша зачіска і постава – смішний, молодий,
і лікоть, що зблискує перламутром
у вікні таксі, тоне в пітьмі салону,
наче ніж у ріці.
І, вминаючи голову в подушку,
заломлюючи руки за спину,
тепер не відпустимо одне одного, ні.
Ти ще не знаєш, як можна цим чуттям захлинутися
серед ночі.
Приходили і питали:
звідки ти тут взялася, ти хто?
Я просто пам'ять і тобі, і собі. Жіноча фігура,
у розріз на горлі якої
закидають монети спогадів –
і великі, й дрібніші,
як уже пощастить.

• • •

A faint sound with which a flock of ducks flies in,
and you lift your head and the sky is empty.
Who's there?
At night it's hard to sleep in the old house,
a disturbed someone walks unseen,
touches the lock on the door, gets water from the faucet,
winds a creaky music box,
sighs, disappears.
It's not you.
I recognize you everywhere and without mistake, the details—
like the sparks of a firework:
a blurry face on a piece of an old photo,
a different hair style and posture—funny, young,
and an elbow that shines like mother of pearl
in a taxi window, drowns in the darkness of the car,
like in a river.
And, burying our heads in the pillow,
with our hands behind ours backs,
now we won't let one another go, no.
You don't know yet how you can choke on this feeling
in the middle of the night.
They came and asked:
why are you here, who are you?
I'm just memory, yours, and mine. A female figurine
into the slit of whose throat
they throw the coins of memories,
large ones and small,
whichever,
depending on luck.

* * *

Серце стоїть прочинене,
як вокзал у малому містечку.
Перепалений цукор призалізничної тиші
долом розлито, в'язнуть у ньому сліди.
З насипу сходить хтось – чути, як сиплеться щебінь.
Найкрасивіші, коли вже немолоді,
чоловіки приходять і розсідаються,
простягають натомлені ноги,
і навіть ніколи не бачений мною двоюрідний дід,
потонулий в безмежних снігах Суомі,
несміливо заходить останнім і всідається скраю.
Всіх назву на ім'я.
Пробачте, кажу, я не лишалася вдома,
я пішла за вами, ішла дорогами вашими ж,
і відтоді в мені закипає туск, коли дивлюся
на порожні вокзальні зали вночі,
на ангари, в яких темніє завмерла техніка,
на порожні заводські цехи, пронизані сонцем,
на холодні депо зі смугами цвілі по стінах,
на сирітські вікна досвіткових шпиталів,
на поля розорані, на порослі травою
залізничні гілки.

Тут нарізала ремені
із ваших доль дебела велика історія.
Я ходила за вами туди, де жінкам, казали, не можна,
та в цієї захопленої м'ясникарки
стільки жіночих облич, мов краплених карт,
що хіба ж залишишся?
І тому нічого
не зможу вам розповісти
про життя, яке тривало тут, поки нас не було.
Можу хіба що ходити разом із вами, лічити

…

My heart is as open
as a train station in a small city.
The burnt sugar of the station quiet
is spilled all over the floor, capturing our footsteps.
From the mound someone enters—you can hear how the rubble falls.
They are most beautiful when no longer young,
men come and sit,
they put out their tired legs,
and a distant grandpa I don't see
timidly comes in last and sits at the edge
having drown in the endless snows of the Finnish War.
I call everyone by their names.
Sorry, I said, I didn't stay home.
I followed you, I took your roads,
and since then, my blood pressure goes up when I look
at the empty train halls at night
at the hangars in which I see the silhouettes of abandoned vehicles,
at the empty factory shops, pierced by the sun,
at the cold depots with moldy shapes in the walls,
in the orphan windows in the hospitals,
at the fields that have been plowed, at tracks branching off
and overgrown with grass.

Here history's executioner would skin
your fate and your body.
I went with you there where women weren't supposed to go,
and this enthusiastic butcher
has many women's faces, like the trick cards in sleeves,
who would really stay?
And there is nothing
that I can tell you
about life, that went on, when we weren't here.
I can at least walk with you, count

сліди столітніх дерев, які не дочекалися,
ловити губами видихнуте тепло
чужих будинків, пірнати у підворітні,
тривожні, повні кроків, мов котячі пащі – пташиного пір’я,
іти понад річкою, через міст, і вслухатися в страх новий:
не впустити б із рук те, що тримаєш,
не побачити б, як падає, сплескує і зникає.
Звідки проклюється, куди проростає цей страх?
Може, це хтось прийшов, щоб зі мною лишитися.
Може, у нього земля у воду упала.

the rings of one hundred-year-old trees that didn't make it
to catch in my lips exhaled warmth
off the strange buildings, to dive beneath the gates,
anxious, filled with steps, like a cat's jaws are filled with
    a bird's feathers
to go beyond the river, over the bridge, and listen to a new fear:
to not drop that which you are carrying,
to not see how it falls, splashes, and disappears.
From where does it emerge, from where does this fear come?
Maybe, someone came to stay with me.
Maybe, their earth fell into the water.

* * *

Біля твого колишнього дому лісові голуби,
налетілі в місто, оббивають долі шовковицю,
і сріблястий павук дощу на ламких ногах
дуже хоче погладити білу кицьку –
ліве око зелене, блакитне – праве,
та ніяк не може втримати рівновагу
і завалюється набік,
і засновує простір навкісно, усепроникно.
Дівчинка із тугими кісками визирає з порога
просто в зелену, в'язку серцевину літа,
короновану золотим і рудим лілійником.
То куди ти поїхав
з цього космосу затісних осель, малих настільки,
що він ударів серця тут здригаються стіни?
Де гуляєш тепер
понад рікою
з тим диким серцем,
наче із ягуаром на повідці?
Серпокрильці протяжно скрикують, на розрив,
ніби цей вечір – останній.
Ні перед чим не останній, просто собі.
У вузькій оглухлій вуличці від стіни до стіни
дощ гойдається на довгих своїх ногах
і не йде.
Наче вже виростив собі голос, наче ось-ось промовить
невигойне, колюче, щось таке невидиме,
що кидається у ноги дитям переляканим.
Біла кицька втікає, вухами прядучи.

• • •

Near your former home forest doves
that flew to the city, knock mulberries from the tree,
and the silvery spider of rain on frail legs
really wants to pet the white kitten—
whose left eye is green, whose right is blue,
but the spider can't keep balance
and leans to the side,
it spins the space of the web at an angle, encompassing.
A girl with tight braids looks out from the porch,
simply at the green, bundle heart of the summer,
crowned with gold and red lilies.
Where did you go
from this cosmos of close dwellings, so many small ones
that here heart beats shake walls?
Where do you walk now
by the river
with your wild heart,
as if with a jaguar on a leash?
The sickle-winged swifts screech for a long time, with
their whole hearts,
as if this evening is the last.
Not before the last, but simply the last.
In the narrow silent streets from wall to wall
the rain swings on its long legs
and doesn't leave.
As if it has developed a voice, as if it will soon speak,
it will say something incurable, preaching, something invisible,
that is thrown at the feet of frightened children.
The white kitten disappears, its ears alert.

* * *

Стільки землі, а ми й не знали.
Як тебе, кажеш, звати?
Дивні твої голосні.
Наче кола на воді, коли грає мальок у ріці –
і не риба ще, і не порожнеча вже.
Наче видихи флейти, яку підносить до губ відвиклих
робітник лісопилки, приїхавши із заслання.
Наші приголосні – зона осілості,
частокіл у пітьмі, укріплення, крига,
здатна витримати темний народ зимових рибалок,
скрегіт коліс поїзда, що гальмує,
раптово спинений військом.
А в голосних, виявляється, така серцевина тривоги,
кісточка, повна синильної кислоти;
безмежжя руху, перегукування в сніжному полі,
тягучий стогін тіл, що вгадуються в пітьмі,
звабливий спів жінок у дворах, куди тобі вічно зась.
Пекло – це зусилля, з яким убереш у слова
виживання там, звідкіль тебе знову
виживуть.
У пеклі є і приголосні, й голосні.
Приголосних, звісно, більше,
бо в зоні осілості довше горить вогонь.

• • •

So much land, but we didn't even know.
What did you say your name is?
Your vowels are strange.
Like a circle in the water, when a young fish plays in the river—
Not a fish yet and not emptiness anymore.
Like the exhalations of a flute, brought to the lips of
  an unaccustomed
saw mill worker, returning from exile.
Our consonants are the zone where we settle,
a picket fence in the darkness, fortification, ice,
capable of supporting the people bathed in darkness,
  the winter fishermen
the screeching of the train wheels when they break,
suddenly stopped by a solider.
And in the vowels, it seems, there is a core of alarm,
a bone full of prussic acid;
limitless movements, calling each other across the snowy field,
the continuous groans of bodies, that can barely be seen
  in the darkness,
the enticing songs of women in the yards that you are eternally
  barred from.
Hell is an effort with which you dress survival into words
in the place from which you will always be banished.
In hell there are consonants and vowels.
Of course, there are more consonants
because in the zone where we settle the fire continues to burn.

* * *

Житиму за тебе так безшкірно, як могла би за тебе вмирати.
Першим із ранкової мли виходить дуплавий дуб,
старший за мене приблизно вчетверо. Тягнеться
осліплою гілкою, що тремтить старечо,
вогко лице обмацує, не впізнає. Впізнає.
Вбогі ваші дари, прибульці. Пір'я святочних янголів
насправді – пух із розорених голубиних гнізд.
Дівчинка над водою годує собаку хлібом,
той вагається спершу, та врешті усе-таки їсть,
радше із чемності, ніж про запас.
Кістка мосту, застрягла у горлі ріки навскіс,
продирає берег до крові.
Кашляє досвітковий рибалка, затуляється рукавом.
Мешканці прибережних будинків гарячково і плутано
проказують молитви ранкові, раптом почувши, як тонко
перегукуються зі споду Бугу
колишні господарі їхніх осель.
Очі печуть. То звідки, кажеш,
я цей туман пам'ятаю – з-під Вердена? Із Іпра?

• • •

I will live for you so defenselessly I could die for you.
First from the morning fog the hollow oak emerges,
at least four times older than me. Pulls
with a blind branch, that shakes like an old man,
feels the moist face, doesn't recognize me. Recognizes me.
Poor are thy gifts, strangers. The feathers of Christmas angels
are in reality fluff down from ruined dove's nests.
A girl by the water feeds bread to a dog,
the dog is uncertain at first, but then eats,
probably as a courtesy rather than for sustenance.
The bone of the bridge, caught in the throat of the river at an angle,
penetrates the shore until there is blood.
The fisherman at dawn covers his cough with his sleeve.
Those who live at the shoreline buildings say morning prayers,
suddenly hearing how quietly
the former owners of their houses
echo from below the Buh.
Their eyes burn. Where do you remember
this fog from—from around Verden? From around Ypres?

* * *

У живої ріки є притока
на ім'я Мертвовод –
гірка вода поміж тисячолітніми валунами,
двері у царство мертвих.
Але є у неї інша, солодша, притока, Снивода,
над якою сни такі, що загоюють рани.
Мамин дитячий солом'яний капелюшок
переплив ріку Даугаву;
острівна ріка Токотан, мій батько,
малий, балансує на весняній крижині;
холодна дідова Поперечка десь на сибірських висілках;
і за літо всихає, заростає очеретами Рось, і я вже
ніколи не відшукаю бабусиної хатини.
Переплелися всі їхні потоки,
велика срібляста сітка.
І я, така схожа на них усіх, а водночас – ні на кого,
сиджу на березі чужої зеленої річки,
думаю: ні,
тут не залишуся теж.
Риба може любити птаха, та де вони житимуть?
Птах-рибалочка сідає на камені при воді,
обережно дзьобом пробує, чи достигла, –
а тоді складає крила й занурюється.
І на секунду, лише на малу секунду
стає під водою схожим
на кольорову рибку.

* * *

In the living river there is a tributary
with the name Deadwater—
bitter water among the thousand year old boulders,
the doors to the kingdom of the dead.
But it has another, sweeter, tributary, Dreamwater,
over which dreams are such that they heal wounds.
Mother's child-size straw hat
sailed across the river Daugava;
the island river of Tokotan, my father,
small, balances on the spring ice;
the cold grandfather's Poperechka is somewhere at Siberian
    villages of exiles;
and it dries up over the summer, covered with the reeds of Ros',
    and I
never will find grandmother's house.
All the other tributaries came together
like a large silver net.
And I look like them all and at the same time like none of them,
I sit on the bank of the strange green river,
I think: no,
I won't stay here either.
A fish can love a bird, but where will they live?
A bird-fisher sits on the stone near the water,
carefully tries with its beak, or it caught it,
and then it folds its wings and dives in.
And then for a second, for a quick second under water
it looks like
the colored fish.

* * *

У Міністерстві великої втоми знову подовжений день:
люди з важкими повіками, приспущеними, припухлими,
плавають у масному світлі кімнати – рибини
у стані кисневого голоду, зависають подовгу
на одному місці.
До Міністерства зшивання клаптів три вантажівки
нові кольорові нитки сумлінно везуть –
будуть шви красиві, буде чим похвалитися
на квартальній нараді.
Під Міністерством сьомих колін зібралися діти –
дівчатка з ведмедиками, із сірниками,
хлопчики з транспарантами: «Хочемо знати,
у чому наша провина!» –
не розходяться навіть під вечір.
У Міністерстві щасливих любовей працює лабораторія:
кинуто всі ресурси на нездоланну весняну хімію,
реторти, бронзовий перегінний куб, кашель старої відьми,
щурячі хвости і жаб'ячі шкурки, супрамолекулярна хімія.
У Міністерстві сліпих надій, дочитавши депешу
з Міністерства пустих обіцянок, сідають писати
листа тобі, обережного:
а що, коли
тут, де ви стоїте всю ніч під нашими вікнами
із лицем, помереженим візерунками світла,
і все чекаєте відповіді,
прорости доведеться?
А що, коли
повертатися – справа уже не ваша,
переадресовуйте запит
до колег у Сьоме коліно.
Гляньте, для вас надійшла
карта потрійного передбачення:

• • •

In the Ministry of complete exhaustion we are working overtime:
people with heavy eyelids, lowered, swollen,
they swim in the yellow light of the room, fish
in a state of oxygen deprivation, linger for a long time
in one place.
To the Ministry of the stitching of rags three trucks
diligently transport new colored threads—
there will be beautiful seams, something to brag about
at the quarterly meeting.
Below the Ministry of the seventh-generation children
    came together—
girls with teddy bears, with matches,
boys with picket signs: "We want to know,
what we are guilty of!"
they don't leave even at nightfall.
In the Ministry of happy love the laboratory works:
all resources are given to invincible spring chemistry,
retorts, a bronze distillatory cube, the cough of an old witch,
rat's tails and frog's skin, supermolecular chemistry.
In the Ministry of blind hope, reading through the telegram
from the Ministry of empty promises, they sit down to write
a letter to you, carefully:
and what if
here where you stand all night at our windows
with your face, patterned with light,
and always waiting for an answer,
we will have to germinate?
And what if
returning is not up to you,
address the request to someone else
to your colleagues at the seventh generation.
Take a look, for you I found
the map of triple predictions:

ось ви переглядаєте давні фото
разом з батьком і матір‘ю;
ось іще трохи вірите,
що прийдете туди, де вміли
навпомацки в темряві орієнтуватися;
а ось уже на пустищі, в околиці нового міста
палите все старе, бо дороги до нього нема.
Тільки ж дивіться, нас не спаліть.
А ми тим часом
дамо вам адресу чи навіть відвеземо
до тієї жінки: вона неодмінно
розкаже вашою мовою кілька казок.

here you will look at old photos
together with your father and mother:
here you will still believe a little
that you will arrive there, where you knew how
groping in the dark to orient yourself;
and here you are in the wasteland, at the edge of a new city
burning everything old, because there is no road.
Just be careful not to burn us.
And meanwhile, we
will give you an address or will even take you
to that woman: she certainly
will tell you some folk tales in your language.

...

Роздяглися у темряві. Одне одного відшукали,
уперед простягнувши руки. Так ідуть над водою сліпі.
Обнялися, наче сьогодні лиха пітьма
остаточно вкрала легені, наче в жодного з них не було
чоловіка і жінки доти. Ні вкорінення, ані чаду згарища.
І її цілунок стікав із плеча гарячим вином,
а його цілунок сідав на груди, як метелик чорнильно-синій.
Обертаючись цілісіньку ніч над будинком, рипіли
каруселі старих сузір'їв.
Поростали дахи повільним зеленим мохом.
І за ніч облетіло все золото із плечей –
вже ніколи не полічити, скільки ж мали веснянок
вони на двох при початку. А потому, вранці,
застеляючи ліжко, струснули разом покривало
супроти навскісного променя –
і заіскрився світ.

…

We undressed in the darkness. We searched for each other,
stretching our arms out. The blind walk on water this way.
We embrace, as if the harmful darkness
finally stole our lungs, as if none of them
had ever been with a man or woman. Neither roots nor ashes.
And her kiss dripped from his shoulder as mulled wine,
and his kiss fell on her breasts, like an inky blue butterfly.
Turning all night behind the building, the carousel
of old constellations scraped.
Slow green moss grew on the roofs
and after a night everything gold flew off their shoulders—
now it is impossible to count the number of freckles,
they both had at the beginning. And then in the morning,
making the bed, they shook out the comforter
against the oblique ray
and the world sparked.

* * *

Першим, що із вікна тут побачиш вранці, буде ледь
розквітлий бузок – білий;
у соляну колиску ранкового вітру
листя вкладає новонароджений шелест.
Молочна кухня працює за два квартали.
Купаючи ввечері немовля, пробуєш воду ліктем –
ану ж загаряча.
Скільки радості можуть принести
чотири стіни, якими тонкими
перегородками відмежовуємось од світу:
випростай руку крізь вікно душової –
зможеш торкнутися
дельфінячого боку трамвая, що завмер на зупинці в дощ.
Темне золото твого сну, спокійного і глибокого,
ми міняли на паперову валюту, їжу і правду,
І ось тепер
проста домашня алхімія: камінь важкої втоми
знову скипає золотом. І можна тобі – заснути,
і можна мені – поправляти ковдру, поцілувати
тепле плече, надключичну родимку, гострий хребець,
що випирає на згині шиї.
Пальці у крихтах вапна, гусінь повзе по стінці,
за вікном стара абрикоса гойдає розквітлою лапою,
стукає, ніби каже: нічого ці ваші стіни не варті,
от захотіла б – дістала б вас звідти
рухом одним.

• • •

The first thing you see here from the window in the morning,
    will be blossomed white lilac;
The newborn leaves rustle
in the salty cradle of the morning wind.
The milk kitchen is open for two blocks.
Bathing the infant in the evening, you test the water
    with your elbow—
what if it's too hot.
How much happiness
can four walls bring, with which thin
partitions we shield ourselves from the world:
straighten out your arm through the bathroom window
you'll be able to touch
the dolphin side of the tram that stood motionless at the stop
    in the rain,
we exchanged the dark gold of your sleep,
peaceful and deep, for paper currency, food and truth,
so here now
simple home alchemy: the stone of complete exhaustion
boils with gold again. And you can fall asleep,
and I can tuck in the blanket, kiss
your warm shoulder, the birthmark above your collarbone,
    the sharp vertebrae
that protrudes at the bend of your neck.
Fingers are in the crumbles of chalk, a caterpillar moves across
    the wall,
through the window the old apricot tree swings its flowered paw,
knocks, as if saying: your walls aren't worthy of anything,
if I only wanted—I would get you
in one movement.

* * *

Але ж так буває:
герої умерли, а вороги залишилися жити,
а люди, просто люди, не ті й не ті,
низали і розсипали намиста радостей –
святкування любові, чиєсь народження, переїзд
    в добудований дім,
поки ви фарширували пиріг землі
собою.
Не зійшли з орбіт планети, навіть трамваї
не змінили звичних маршрутів.
За шпитальним вікном будівництво,
забиваючи палі, гупає, наче далека арта,
і хлопчик, підібравши шматок арматури, стукає об асфальт,
як залізничний обхідник вночі по колесах поїзда,
котрим у безпам'ятстві їдеш навиліт крізь всю країну,
перевалюючись важко, животом загрузаючи
у пирозі землі,
що людьми фарширований щедро.

* * *

It happens this way:
heroes die, but enemies live on
and people, simply people, not these and not those,
string and scatter the necklaces of happy moments—
celebrating love, someone's birth, a move into
    the newly built home,
while others were stuffing the pie of the earth
with themselves.
The planets didn't leave their orbits, even the trams
didn't change their usual routes.
There is construction out the hospital window,
hammers rods into the ground, thunders like a distant artillery,
and a boy, taking a piece of a rod, hits it against the asphalt,
like a railroad technician at night hits the wheels of a train,
which, forgetting yourself, you ride over the whole county,
barely moving, getting stuck up to the waist
in the pie of the earth,
generously stuffed with people.

* * *

Від старого хреста на горбі видно цілу долину,
динозаврячий труп елеватора, пакгаузи і халупи,
щітку далекого лісу.
Якими пошматованими
дістаємося пошукати долі, цілої, круглої,
свіжої правди про себе, наче хтось її мав би
лишити на цьому цвинтарі, як великодню крашанку.
Пальці мертвих – бліді анемони – тягнуться крізь глинозем
і ворушаться, ледь лоскочучи п'яти,
бавляться з нами, вірять, що ми їм і досі діти.
Де їм утримати нас, майже невидимим в прозорим,
звідки сили, якщо не вдається
утримати навіть літери
на єврейських деревах із сірого каменю, з обрубаними гілками,
біля ніг у заплаканих янголів, і навіть уперте мереживо
тюркських шрифтів сторочується у траву
під надгробками, схожими на шаблі.
Давляться зойками гуси у селі під горбом,
вайлуваті собаки виють, зачувши наближення поїзда.
Ніхто нас тут не знає – і ми нікого.
П'яний мисливець петляє дорогою, несучи за лапи
двійко диких качок застрелених,
скроплює землю свіжою кров'ю,
ніби іще не досить.

...

From the old cross on the hill you can see the whole valley,
the dinosaur corpse of the elevator, warehouses, and shacks,
the brush of the distant forest.
How wounded we are
by the time we look for fate, whole and round,
and fresh truth about ourselves, as if someone should have
left it at the cemetery like an Easter egg.
The fingers of the dead—pale anemones—pull through the clay
and move, lightly tickling the heels,
they play with us, they believe that we are still their children.
How could they keep us, almost invisible and transparent,
from where would they take the strength, if one cannot even
keep the letters
on the Jewish trees made of gray stone with chopped
branches,
near the feet of the crying angels, and even the stubborn lace
of the Turkish letters unravel into the grass
beneath the grave stones that look like swords.
The geese choke on their own cries in the village under the hill,
the lazy dogs howl as they hear the train drawing close.
No one knows us here, and we don't know anyone.
The drunk hunter loops through the road, carrying two
shot wild ducks by the webbed feet,
wetting the earth with their blood,
as if we hadn't had enough.

* * *

Спитали у пасифлори паспорта просто на вході в сад,
а в неї нема.
Колюче і вузлувате стебло печалі – є,
і квітка з повним набором страстей – цвяхи у ранах,
терновий вінець,
а паспорта не було й нема.
Куди вам стільки болю, це ж контрабанда, –
питають із посмішками кривими;
знущаються, певне, – тихо гадає вона.
Туман встає від річкового рукава, робиться так бездомно.
В саду статечні яблуні обважніли, вперлись гілками в землю,
схожі на бігунів на низькому старті.
Чути, як ніжна деревовидна півонія
по пелюстці скидає квітку в мокру траву.
Трохи далі – рішуче військо смородин, малин,
і приблудний плющ їм зі стіни підтакує,
зайшовши з чорного ходу.
А вона шукала воріт, в які їй одній не можна.
Що ж, – каже, – вибачте, тут побуду;
вчепилася в камінь і так п'ять років тримається,
цвіте очима синіми, скільки схоче,
плодоносить серцями.

• • •

They asked the passionflower for a passport at the entrance
    to the orchard,
but she didn't have one.
She did have the prickly and knotted stalk of sadness
and the flower with the full set of passion—nails in its wounds,
thorny wreath,
but she didn't have a passport and wouldn't.
Why do you have so much pain, this is contraband after all,—
they ask with crooked smiles;
they mock her, for sure,— she quietly thinks.
The fog rises from the river's sleeve, makes me feel homeless.
In the orchard the stately apple trees are weighed down,
    leaning into the earth,
similar to a runner on a lower starting line.
You hear how a tender tree peony
scatters the flower on the wet grass petal by petal.
A little farther are the ready troops of blackberries, raspberries,
and wandering ivy that incited them,
coming from the back porch.
And she looked for gates which she alone could not enter.
Well, she says, sorry, I'll stay here;
Fastened to the stone and holding on for five years,
blossoming with her blue eyes for as long as she wants to,
she bears the fruits of hearts.

About the Translators

OLENA JENNINGS is the author of the novel *Temporary Shelter*, published by Cervena Barva Press. She is also the author of the poetry collection *Songs from an Apartment* and the chapbook *Memory Project*. Her latest collection, *The Age of Secrets*, will be released by Lost Horse Press in Fall 2022. Her translation, with the author, of Iryna Shuvalova's *Pray to the Empty Wells* was published by Lost Horse Press in 2019. She is the founder and curator of the *Poets of Queens* reading series.

OKSANA LUTSYSHYNA is an award winning writer, translator, and literary scholar. The latest of her poetry collections, *Persephone Blues*, was published in English translation in 2019 by Arrowsmith Press. Her latest novel *Ivan and Phoebe* (2019) was awarded the UNESCO Lviv City of Literature Award in 2020, and the Shevchenko National Prize in 2021. Lutsyshyna is currently a Professor of Instruction in Ukrainian Studies at the University of Texas at Austin.